# BEI GRIN MACHT SICH IHR
# WISSEN BEZAHLT

- Wir veröffentlichen Ihre Hausarbeit,
  Bachelor- und Masterarbeit

- Ihr eigenes eBook und Buch -
  weltweit in allen wichtigen Shops

- Verdienen Sie an jedem Verkauf

## Jetzt bei www.GRIN.com hochladen
## und kostenlos publizieren

# Candidate Experience. Der erfolgreiche Rekrutierungsprozess auf dem Bewerbermarkt

**Bibliografische Information der Deutschen Nationalbibliothek:**

Die Deutsche Nationalbibliothek verzeichnet diese Publikation in der Deutschen Nationalbibliografie; detaillierte bibliografische Daten sind im Internet über http://dnb.d-nb.de abrufbar.

ISBN: 9783346291493
Dieses Buch ist auch als E-Book erhältlich.

© GRIN Publishing GmbH
Nymphenburger Straße 86
80636 München

Druck und Bindung: Books on Demand GmbH, Norderstedt Germany
Gedruckt auf säurefreiem Papier aus verantwortungsvollen Quellen

Das Buch bei GRIN: https://www.grin.com/document/948351

# Einsendeaufgabe

## Candidate Experience, der erfolgreiche Rekrutierungsprozess auf dem Bewerbermarkt

Eingereicht am 24.08.2020

SRH Fernhochschule Riedlingen

Studiengang: Psychologie (B. Sc.)

# Inhaltsverzeichnis

# Abkürzungsverzeichnis

| | |
|---|---|
| Abb. | Abbildung |
| bspw. | beispielsweise |
| d. h. | das heißt |
| Kap. | Kapitel |
| o. O. | ohne Ortsangabe |
| o. V. | ohne Verlag |
| sog. | sogenannte(r) |
| u. a. | unter anderem |
| Tab. | Tabelle |
| vgl. | vergleiche |
| z. B. | zum Beispiel |

# Abbildungsverzeichnis

# Tabellenverzeichnis

# Anlagenverzeichnis

# 1. „War for Talents"

## 1.1 Herausforderungen für Unternehmen im „War for Talents"

### 1.1.1 Demografischer Wandel

Soziokulturelle und ökonomische Entwicklungen haben zu einem verstärkten Wettbewerb der Betriebe um geeignete Mitarbeiter auf dem Arbeitsmarkt geführt, dem sog. „War for Talents" („Kampf" um Talente) (Hansen & Hauff, 2019, S. 36). Im Zuge dieser Entwicklung muss sich das Personalmanagement bei der Suche nach qualifizierten Fach- und Führungskräften neuen Herausforderungen stellen, um mit einem positiven Gesamteindruck als „Employer of Choice" (Arbeitgeber der Wahl) hervorzugehen (Ruthus, 2013, S. 35). Der demographische Wandel in den Industrieländern wird als maßgebliche Ursache für den „War for Talents" angesehen (Armutat, Bartholomäus, Franken, Herzig, Helbich, 2018, S. 25). Die Vorausberechnung des statistischen Bundesamtes 2019 hat trotz der hohen Zuwanderung durch Migranten ergeben, dass sich die Bevölkerung von 83 Millionen Menschen (Stand 2019) bis zum Jahr 2060 auf 74 Millionen verringern wird. Die anhaltend niedrige Geburtenrate (1,55 Kinder pro Frau bis 2060) bewirkt zudem, dass die Zahl der Jugendlichen im ausbildungsrelevanten Alter erheblich sinkt (Statistisches Bundesamt, 2019a). Die Zahl der Personen im erwerbstätigen Alter (20 bis 65 Jahre) ist bedingt durch die anhaltend niedrige Geburtenrate, den Anstieg der Lebenserwartung und die damit verbundene Alterung der Bevölkerung stark rückläufig und evoziert eine erheblich eingeschränkte Verfügbarkeit von Arbeitnehmern (Stotz & Wedel-Klein, 2013, S. 45). Die Analyse des statistischen Bundesamt 2019 kam zu dem Ergebnis, dass die erwerbsfähige Bevölkerung bis zum Jahr 2035 ohne Nettozuwanderung um 9 Millionen auf ca. 44 Millionen sinken wird (Statistisches Bundesamt, 2019). Durch den Engpass an Berufsanfängern sowie qualifizierten Fach- und Führungskräften im erwerbsfähigen Alter, stehen Unternehmen vor der Herausforderung, offene Vakanzen mit geeigneten Bewerbern zu besetzen (Armutat et al., 2018, S. 25).

### 1.1.2 Globaler Wandel und Diversität

Die Globalisierung bewirkt eine Verschärfung des „War for Talents" (Stock-Homburg & Groß, 2019, S. 9). Diese meint nicht nur die unbegrenzte Mobilität von Waren, Dienstleistungen oder Informationen, sondern umfasst auch eine weltweite Mobilität von

Menschen über Landes- und Kulturgrenzen hinweg (Bechler & Woodward 2009, S. 273-285). Dadurch sind Unternehmen gefordert, nicht nur auf nationalem, sondern auch auf internationalem Wege Bewerber zu gewinnen (Farndale, Raghuram, Gully, Liu, Phillips, Vidović, 2017, S. 1625). Der sog. „Brain Gain" (Gewinnung von Fachkräften auf dem globalen Arbeitsmarkt) gestaltet sich jedoch äußerst komplex und setzt durch die Internationalisierung im Personalmanagement ein entsprechendes Fachwissen und einen gewissen Professionalisierungsstandard voraus. Vor diesem Hintergrund birgt die Globalisierung das Risiko des sog. „Brain Drain", d. h. einer Abwanderung von Fach- oder Führungskräften aufgrund besserer Arbeits- und Lebensbedingungen in anderen Ländern. Dadurch wird der Fachkräftemangel noch weiter verstärkt und Betriebe müssen sich erneut mit der erfolgreichen Rekrutierung und Bindung von qualifizierten Fachkräften auseinandersetzen (Berg, 2006, S. 215-232).

### 1.1.3 Veränderung der Beschäftigungsstruktur durch Wertewandel

Von hoher Relevanz für die Verfügbarkeit von Nachwuchsfachkräften ist zudem die Veränderung der Beschäftigungsstruktur. Eine Studie des Instituts für Arbeitsmarkt- und Berufsforschung hat gezeigt, dass seit 1983 ein stetiger Rückgang der Arbeitslosenquote bei Akademikern zu verzeichnen war, der im Jahr 2016 2,3 Prozent betrug. Es konnte ein geringer Einfluss der Digitalisierung auf das Gesamtniveau der Beschäftigung nachgewiesen werden. Parallel zum demographischen Wandel hat sich das Bildungsniveau hin zu akademischen Bildungsabschlüssen verändert. Der demografisch bedingte Rückgang jüngerer Arbeitskräfte und die Verschiebung der Qualifikationsstruktur bewirken dadurch einen Rückgang an Erwerbspersonen aus der mittleren Qualifikationsebene (Zika, Helmrich, Maier, Weber, Wolter, 2018, S. 2). Während auf der mittleren Qualifikationsebene ein Abgang von ca. 11,5 Millionen prognostiziert wird, liegt der Neuzugang lediglich bei ca. 7 Millionen. Im akademischen Bereich (IT, naturwissenschaftliche Berufe) hingegen wird ein größerer Zulauf (ca. 4,9 Millionen) als Abgang (ca. 3,2 Millionen) angenommen. Zudem wird der Bedarf an gering Qualifizierten um 12,6 Prozent sinken (Helmrich, Zika, Kalinowski, Wolter, 2012, S. 3). Die veränderte Berufswahl wird dadurch in verschiedenen Arbeitsmarktsegmenten eine allgemeine Verknappung an Fachkräften bewirken, wobei in einzelnen Branchen stärkere Engpässe auftreten werden als bei anderen (Werding, 2019, S. 11).

## 1.2 Gemeinsamkeiten und Diskrepanzen von Kandidaten und Unternehmen im Rekrutierungsprozess

In den vergangenen 20 Jahren hat sich der Anspruch der Kandidaten im Hinblick auf Gestaltung, Inhalt sowie Art und Weise der Kommunikation mit einem potentiellen Arbeitgeber fundamental verändert (Rath & Salmen, 2012, S. 27). Bei der Besetzung sämtlicher Positionen im Unternehmen sind heutzutage die Kriterien Geschwindigkeit, Transparenz und persönliche Wertschätzung als grundlegende Erfolgsfaktoren für das strategische Management anzusehen (Trost, 2012, S. 23).

### 1.2.1 Geschwindigkeit

Bei der Betrachtung der Bewerbungsform bevorzugen laut der Studie „Recruiting in Deutschland 2015" 72,3% der befragten Personaler die Bewerbung per Online-Formular. Damit wollen Unternehmen eigene Recruitingziele besser und schneller realisieren (Weitzel et al., 2015). Organisationen vertreten die Ansicht, dass Bewerber, die nicht bereit sind, 20-40 Minuten in das Ausfüllen eines Bewerbungsformulars zu investieren, über kein ernsthaftes Interesse verfügen. Unternehmen sehen den Bewerber hierbei in der Bringschuld. Im Gegensatz dazu setzen Bewerber auf eine einfache Handhabbarkeit. Vier von fünf Bewerbern ziehen eine Bewerbung per E-Mail einem Online-Formular vor (Abb. 1) (Weitzel, Eckhardt, Laumer, von Stetten, Maier, 2013). Damit präferieren Bewerber ebenfalls einen schnellen, jedoch einfachen Bewerbungsprozess (Petschar & Zavrel, 2016, S. 97).

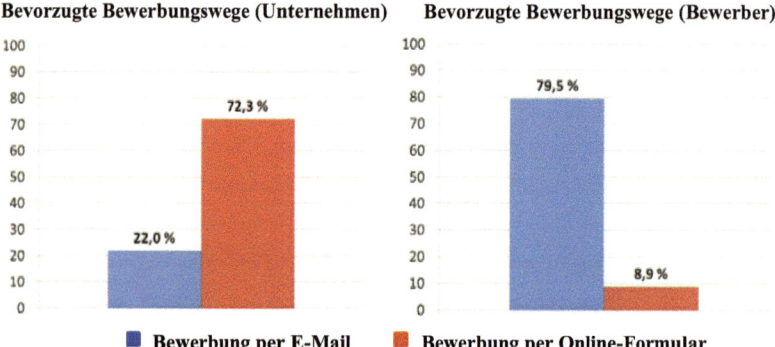

Abb. 1: Gegenüberstellung: bevorzugte Bewerbungswege bei Unternehmen und Bewerbern
Quelle: Eigene Darstellung in Anlehnung an T. Verhoeven (2016c), S. 19

Zudem hat die Online Recruiting Studie 2014 von Softgarden ergeben, dass lediglich 48% der Befragten 10-20 Minuten als angemessene Eingabedauer der Bewerberdaten über ein System erachten. Lediglich 4% der befragten Bewerber sind willens, 30 Minuten oder mehr in eine Onlinebewerbung zu investieren (Eisele & Weller-Hirsch, 2014). Insbesondere Vertreter der jüngeren Generationen sind eine schnelle Kommunikation durch Social Media (soziale Medien) gewohnt. Die Generation Z (Geburtsjahr ab 1996) erwartet nicht nur von ihren Freunden, sondern auch von ihren Kommunikationspartnern anderer Generationen einen zügigen Informationsaustausch (Mangelsdorf, 2015, S. 13). Zwar ist den Bewerbern bewusst, dass eine Entscheidung innerhalb eines Bewerbungsprozesses etwas mehr Zeit in Anspruch nehmen kann, jedoch erwarten 90% der Kandidaten eine erste Reaktion in Form einer Eingangsbestätigung innerhalb einer Woche. Für den nächsten weiteren Schritt in Form einer Einladung oder Absage wünschen sich die Befragten innerhalb von 1-2 Wochen eine verbindliche Reaktion (Eisele & Weller-Hirsch, 2014). In der Praxis sind unverbindliche Aussagen ganz alltäglich (z. B. „Wir melden uns so bald wie möglich."). In den Zeiten des Fachkräftemangels bewirken professionelle Antworten innerhalb kürzester Zeit einen erheblichen Wettbewerbsvorteil gegenüber der Konkurrenz (Trost, 2012, S. 147).

### 1.2.2 Transparenz

Ein weiterer Aspekt, der bei der Besetzung von vakanten Stellen an Bedeutung gewinnt, ist das Thema Transparenz (Kanning, 2016, S. 99). Früher konkurrierten Unternehmen ausschließlich an den Tagen untereinander, an denen Bewerber die einschlägigen Ausgaben z. B. der Frankfurter Allgemeine oder den Süddeutschen Zeitung kauften und die darin veröffentlichen Stellenausschreibungen verglichen. Heute unterliegen Unternehmen einem deutlich gestiegenen Wettbewerbsdruck. Im Zeitalter des Web 2.0 gestatten digitale Dienste und Medien (soziale Medien) den Kandidaten, tausende von Stellenanzeigen im Internet zu finden und gegen weitere tausende von Ausschreibungen gegenüberzustellen (Bruhn, 2014, S. 238, Trost, 2012, S. 9). Um vielversprechende talentierte Kandidaten der Generation Y (Geburtsjahre 1980-1995) und Z (ab 1996) für sich zu gewinnen, müssen Unternehmen in den Zeiten der Angebotsvielfalt und des Fachkräftemangels nicht nur schnell oder gar schneller sein als die Konkurrenz, sondern auch die nötige Transparenz bieten (Klaffke, 2014, S. 64). Aus unternehmerischer Sicht wird es als ausreichend empfunden, wenn das Anforderungsprofil einer vakanten Stelle

(Zusammenstellung von Anforderungen, die für eine Position relevant sind) über die Stellenausschreibung klar kommuniziert wird. Häufig wird dabei verzichtet, auf die Vorzüge eines Unternehmens aufmerksam zu machen; Firmen beschränken sich oftmals auf die Leistungsanforderungen, die von dem Kandidaten gefordert werden (Trost, 2012, S. 151). In einem professionellen Rekrutierungsprozess wird jedoch aus Mitarbeiterperspektive u. a. eine transparente Kommunikation erwartet. Diese beinhaltet sowohl regelmäßige Informationen über den Status ihrer Bewerbung als auch, dass konkrete und verbindliche Aussagen über das weitere Vorgehen und den Verfahrensablauf getroffen werden. Strukturiertes Feedback kann somit verhindern, dass Bewerber nicht vorzeitig das Interesse verlieren (Bauer, 2020, S. 146). Auch die Transparenz über Entwicklungsmöglichkeiten und Qualifizierungsangebote kann dazu beitragen, dass potenziellen Mitarbeitern Ängste vor neuen Kompetenzanforderungen genommen werden (Armutat et al., 2018, S. 59).

### 1.2.3 Wertschätzung

Im Rahmen der Personalgewinnung stellt die Wertschätzung das Wichtigste der drei Kriterien dar (Trost, 2012, S. 147). Im Großteil der Unternehmen sind Bewerbungsgespräche immer noch von einer hoch formalen Exklusivität geprägt, wobei der Bewerber zu beweisen hat, dass er der geeignete Kandidat für die ausgeschriebene Stelle ist. Die Vertreter der Personalabteilung agieren dabei mit kommunikativer Distanz als Entscheidungsträger, mit Rangordnung und erheblichem Machtgefälle zwischen den Gesprächspartnern. Lediglich im Topmanagement erscheint den Unternehmen ein gewisses Maß an Wertschätzung in einer sozialen Interaktion als angemessen (Truschkat, 2008, S. 272-273). Bewerber hingegen erwarten von ihrem potenziellen Arbeitgeber persönliche Wertschätzung, indem das Unternehmen ihnen „auf Augenhöhe" begegnet. Durch den Mangel an Fachkräften konkurriert heute eine Vielzahl von Firmen um Potentialträger, so dass letztendlich nicht das Unternehmen alleine die Entscheidung trifft, sondern in erster Linie Kandidaten sich für das Unternehmen entscheiden, das ihnen am meisten zusagt (Trost, 2012, S. 147). Selbst wenn einem guten Bewerber kein Stellenangebot unterbreitet werden kann, wird durch eine hohe Wertschätzung der Bewerbung die positive Mundpropaganda durch den Kandidaten begünstigt (Arnold, 2015, S. 26). Tabelle 1 stellt zusammenfassend die Gemeinsamkeiten und Diskrepanzen zwischen den Vorstellungen und Bedürfnissen des Unternehmens und der Bewerber dar.

Im erfolgreichen Recruitingprozess geht es im Kern darum, schnell, transparent und wertschätzend zu agieren.

| Gemeinsamkeiten | | Diskrepanzen | |
| --- | --- | --- | --- |
| | | **Bewerber** | **Unternehmen** |
| Geschwindigkeit | **Form der Bewerbung:** | Bevorzugte Form der Bewerbung: E-Mail durch gute Handhabbarkeit | Bevorzugte Form: per Online Formular |
| | **Dauer beim Ausfüllen des Online-Formulars** | 10-20 Minuten z. B. über One-Click-Bewerbung | 20-40 Minuten |
| | **Dauer der Antwortzeit** | Maximal eine Woche Oder: Konkrete Angabe der Rückmeldung „Wir melden uns am kommenden Dienstag." | Unverbindliche Aussagen: „Wir melden uns so bald wie möglich!" |
| Trans-parenz | | Zuverlässige Ergebnisorientierung: Status der Bewerbung konkrete und verbindliche Aussagen über das weitere Vorgehen und dessen Verfahren | Darstellung der Leistungsanforderungen über ein Anforderungsprofil |
| Wertschätzung | | Emotionale Wertschätzung: Begegnung „auf Augenhöhe", Freundlichkeit, Verlässlichkeit, Ehrlichkeit, Menschlichkeit | Bewerber in Beweispflicht der Passung Machtgefälle entsteht |

Tab. 1:  Gegenüberstellung der Bedürfnisse von Unternehmen und Bewerbern: Gemeinsamkeiten und Diskrepanzen
Quelle: Eigene Darstellung

## 1.3  Candidate Experience und deren Auswirkung auf Unternehmen

Wie in Tabelle 1 dargestellt, bestimmen die drei aufgezeigten Kriterien Geschwindigkeit, Transparenz und persönliche Wertschätzung maßgeblich sowohl schriftlich, verbal als auch über Onlinekanäle das Bewerbererleben und die Bewerbererfahrung (Candidate Experience) (Trost, 2012, S. 146, Konschak, 2014, S. 97). Die Candidate Experience bezeichnet die Summe an Erfahrungen, die ein Bewerber entlang des Bewerbungsprozesses im Rahmen der Prozesse des Personalmarketings, des Recruitings und darüber hinaus vom potenziellen Arbeitgeber und dessen Vertretern sammelt (Bewerbererfahrung) (Athanas & Wald, 2014, S. 37). Eine Studie der Unternehmensberatung Esch und der Recruiting Plattform Softgarden (2015) hat ergeben, dass 91% der Bewerber als Multiplikatoren der Außendarstellung von Unternehmen fungieren, indem sie über ihre Erlebnisse berichten (Esch & Faber, 2015).

Die Candidate Experience stellt deshalb einen ernstzunehmenden Faktor im „War for Talents". Der Gesamteindruck eines Bewerbers über einen potenziellen Arbeitgeber ist daher entscheidend, da die Erfahrungen gravierende Auswirkungen auf die Attraktivität eines Arbeitsgebers und damit einhergehend auf den Recruitingerfolg haben können. Eine positive bzw. negative Candidate Experience generiert sowohl direkte als auch indirekte Effekte, woraus ein erheblicher Wettbewerbsvor- bzw. -nachteil resultieren kann (Verhoeven, 2016a, S. 12-14). Positive direkte Effekte zeigen sich in einer erhöhten Motivation, dass ca. 95% der abgelehnten Bewerber das Unternehmen bei einer positiven Candidate Experience erneut als Arbeitgeber in Erwägung ziehen würden. Zudem war bereits 2013 die Hälfte aller Bewerber bereit, positive Erfahrungen über soziale Medien zu teilen. Knapp 97% der Kandidaten zeigten Bereitschaft, das Unternehmen über Mundpropaganda an Bekannte zu empfehlen (Crispin et al., 2014, S. 40-44). Dies führt indirekt zu einem Imagezuwachs und übt nachhaltigen Einfluss auf die spätere Mitarbeiterbindung aus. Eine positive Candidate Experience stellt für Kandidaten ein zentrales Entscheidungskriterien dar, um das Jobangebot tatsächlich anzunehmen oder sich im Falle einer Ablehnung erneut zu bewerben (Athanas & Wald, 2014). Crispin et al. (2014) konnte zeigen, dass ca. 33% aller Bewerber mit einer negativen Candidate Experience ihre Erfahrungen privat als auch in den sozialen Medien teilen (S. 40-44). Dies führt zu einer Schädigung der Reputation des Arbeitgebers, d. h. es kommt sowohl zu einer Beeinträchtigung des Arbeitgeberimages als auch der Arbeitgebermarke (Kanning, 2016, S. 178). Langfristig gesehen entsteht daraus ein fataler Wettbewerbsnachteil, weil es zu einer Reduzierung der Bewerberzahlen sowie zu einer verminderten Qualität der Bewerber kommt. Eine neutral oder negativ bewertete Bewerbererfahrung führte bei 4 von 10 Bewerbern dazu, innerhalb eines Jahres nach Arbeitsbeginn einen Arbeitgeberwechsel in Betracht zu ziehen (Athanas & Wald, 2014).

## 2. Candidate Journey: „Die Reise eines Bewerbers"

### 2.1 Definition Candidate Journey

Bedingt durch die exponentielle Zunahme der Informations- und Kommunikationskanäle in den letzten Jahren gestaltet sich der Weg von der ersten Wahrnehmung eines Betriebes bis zur tatsächlichen Einstellung eines Bewerbers nicht nur länger und komplexer, sondern ist zudem für viele Unternehmen nicht mehr ausreichend kontrollierbar. Für eine systematische Strukturierung und Betrachtung des Prozesses erfordert dies eine Analyse der Candidate Journey (Reise eines Bewerbers), um den Einfluss auf die Candidate Experience messen und eine permanente Erfolgskontrolle gewährleisten zu können (Esch, Klein, Knörle, Schmitt, 2016, S. 129). Der Begriff Candidate Journey definiert sich als die Summe an direkten und indirekten Kontakt-/ Berührungspunkten (Touchpoints) eines Kandidaten mit einem potenziellen Arbeitgeber während des Bewerbungsprozesses (vgl. Kap. 2.2). Sie legt offen, wie spezifische Bewerberprofile auf einen

Arbeitgeber aufmerksam werden, sich darüber informieren und zeigt die Relevanz für eine Entscheidung des Bewerbers auf (Schöffler, 2019, S. 41). In einem Recruitingprozess variieren die Kontaktpunkte entlang einer Candidate Journey je nach Unternehmen, wodurch jede Candidate Journey individuell und nicht linear erfolgt, sodass jede Candidate Experience verschieden bewertet wird (Athanas & Wald, 2014, S. 15; Schrader, 2020, S. 43). Aufbauend auf den Erkenntnissen über subjektive Erlebnisse während des Recruitingprozesses können darauf strategische Optimierungen in Hinblick auf die Zielgruppe vorgenommen werden (Verhoeven, 2016a, S. 12). Im Fokus dieser „Reise" steht hierbei das individuelle Empfinden eines Kandidaten (Bruhn & Hadwich, 2012, S. 9). Normalerweise verfügt jede Candidate Journey über eine Vielzahl an Touchpoints, die im Idealfall optimal zusammenwirken, um den Wunschkandidaten von der Annahme des Stellenangebotes überzeugen zu können (Schrader, 2020, S. 43).

### 2.2 Idealtypischer Prozess einer Candidate Journey

Für eine differenziertere und systematische Betrachtung des kompletten Prozesses der Candidate Experience sollte daher eine Unterteilung der gesamten Prozesskette in einzelne Phasen vorgenommen werden (Verhoeven, 2016, S. 36). Wie in Abbildung 2 ersichtlich, können die einzelnen Touchpoints zwischen Kandidaten und Unternehmen in

6 Phasen untergliedert werden, die wiederum aus 3 zeitlichen Dimensionen bestehen: vor dem Bewerbungsprozess (Phase 1 & 2), während des Bewerbungsprozesses (Phasen 3-5) und nach dem Bewerbungsprozess (Phase 6). Das in Abbildung 2 dargestellte Modell verdeutlicht einen idealtypischen Prozess, den ein potenzieller Kandidat durchlaufen kann (Verhoeven, 2020, S. 56). Das Modell basiert dabei auf dem 4 Phasenmodell von Esch (Esch & Seibel, 2015). Dieses wurde um relevante Berührungspunkte durch Athanas & Wald (2017) erweitert (Athanas & Wald, 2017).

Die erste Phase, die sog. Anziehungsphase oder Prägungsphase (Phase 1), zielt vordergründig darauf ab, Kandidaten beispielsweise durch eine Imageanzeige auf das Unternehmen aufmerksam zu machen. Ist dies dem Unternehmen gelungen, nutzt der Bewerber in der Phase der Orientierung (Phase 2) verschiedenste Kanäle, um z. B. über die Karriere-Webseite, das Kununu-Profil oder durch Gespräche mit Mitarbeitern Informationen über die Firma einzuholen. Entsteht das Bedürfnis sich zu bewerben, reicht der Kandidat eine (Online-)Bewerbung bei dem potenziellen Arbeitgeber ein (Phase 3) und partizipiert idealerweise am Auswahlverfahren (Phase 4: Auswahlverfahren). Dies kann beispielsweise in Form eines Bewerbungsgesprächs, Onlineinterviews oder eines (Online-) Assessment Centers (ohne oder mit Recrutainment, vgl. Kap. 2.4) erfolgen. In der Phase der Entscheidung (5. Phase), kommt es zu einer Absage bzw. zu einem Vertragsangebot, das der Bewerber idealerweise annimmt. Da eine positive Candidate Experience die Grundlage für eine gelungene Mitarbeiterbindung darstellt, muss die Candidate Experience in ein gezieltes Onboarding sowie in eine arbeitnehmerzentrierte Integration übergehen. Die Candidate Journey endet daher nicht mit der Jobzusage, sondern mit der Phase der Einarbeitung (Phase 6: Onboarding) z. B. in Form einer Einführungsveranstaltung (Ullah & Ullah, 2015, S. 8; Verhoeven, 2016, S. 36; Athanas & Wald, 2017).

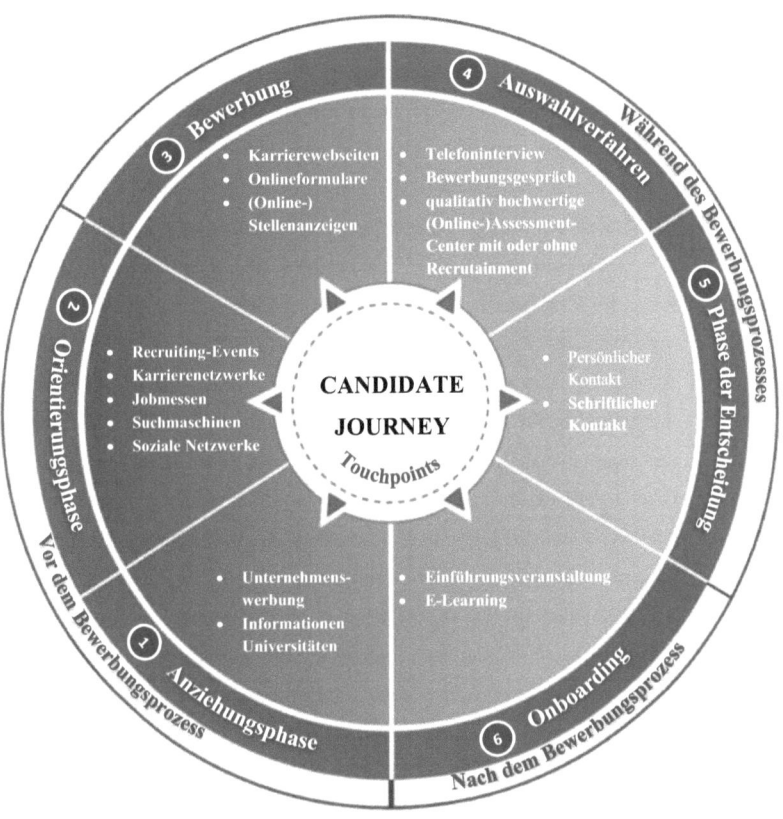

Abb. 2: Phasen und Touchpoints einer idealtypischen Candidate Journey
Quelle: Eigene Darstellung in Anlehnung an Athanas & Wald (2014)

## 2.3 Implikationen der Candidate Journey für das Personalmarketing

Die Ausführungen in Kapitel 1 haben gezeigt, dass die heutigen Recruitingprozesse nicht den Erwartungen und Bedürfnissen der Kandidaten gerecht werden und dies weitreichende Folgen nach sich zieht. Doch welche Implikationen leiten sich daraus für das Personalmarketing von Unternehmen ab? Das Personalmarketing umfasst alle operativen Maßnahmen eines Unternehmens zur positiven Steuerung der Arbeitgeberattraktivität, um damit den Personalbedarf eines Unternehmens langfristig zu decken. Das Personalmarketing begünstigt somit die operative und maßnahmenorientierte Implementierung der Ziele der Employer Brand (Arbeitgebermarke) (Bartscher & Nissen, 2017, S. 531). Damit agiert das

Personalmarketing als operatives Element, welches den strategischen Ansatz des Employer Branding (strategischer Prozess, um sich als attraktiver Arbeitgeber zu positionieren) unterstützt. Die durch das Personalmarketing gewonnenen Erkenntnisse fließen in das Employer Branding mit ein und stärken das Markenprofil des Unternehmens (Huf, 2020, S. 27). Die Rekrutierung neuer Mitarbeiter und die Bindung (Retention) bestehender Mitarbeiter an das Unternehmen können nur dann erfolgreich sein, wenn beiden Zielgruppen ein positives Bild als attraktiver Arbeitgeber vermittelt wird. Im Zentrum des Personalmarketings steht die zielgerichtete Gestaltung der Arbeitgeberattraktivität (Attraction) (Huf, 2020, S. 4). Aufgrund des Wandels vom Arbeitgeber- zum Arbeitnehmermarkt muss das Personalmarketing und auch das gesamte Recruiting nach den Gesichtspunkten einer optimalen Candidate Experience ausgerichtet und somit an den Bedürfnissen und Erwartungen potenzieller Mitarbeiter orientiert sein (Verhoeven, 2016b, S. 110). Dabei muss der individuellen Ansprache im Sinne einer positiven Candidate Experience besondere Berücksichtigung ab Beginn der ersten Phase beigemessen werden (Schnitzler, 2020, S. 8). Als Teil eines professionellen Personalmarketings ist es bei sämtlichen Kommunikationsprozessen von zentraler Bedeutung, alle Kandidaten wertschätzend zu behandeln und insbesondere bei hochqualifizierten und aus eignungsdiagnostischer Sicht begehrten Bewerbern deren Erwartungen zu entsprechen (Felser, 2010, S. 70).

Neben der emotionalen Wertschätzung (v. a. Begegnung „auf Augenhöhe", Ehrlichkeit, Menschlichkeit) stellen die Parameter Transparenz (zuverlässige Ergebnisorientierung: Status der Bewerbung, konkrete und verbindliche Aussagen) und Geschwindigkeit (schnelle Bewerbungseingabe, Möglichkeit der E-Mail Bewerbung, kurze Dauer der Antwortzeit) zentrale Aspekte dar, die bereits in Tabelle 1 zusammenfassend dargestellt wurden. Darüber hinaus muss berücksichtigt werden, dass zwischen Personalbeschaffung und Personalauswahl eine enge Schnittstelle geschaffen wird, da die Personalauswahl nur dann durchgeführt werden kann, wenn quantitativ eine ausreichend große Menge an Bewerbern zur Verfügung steht (Moser & Zempel, 2006, S. 71). Im Zuge der Digitalisierung führte dies zu einer Überlappung und Verschmelzung des Personalmarketings (Förderung der Selbstselektion) und der Personalauswahl (Fremdselektion), die sich z. B. in der Entwicklung des Recrutainment widerspiegelte (vgl. Kap. 2.4) (Diercks & Kupka, 2013, S. 17).

## 2.4 Die Rolle der digitalen Medien und Recrutainment

Durch die Entwicklung neuer digitaler Technologien bildeten sich verschiedenste berufliche und soziale Netzwerke (z. B. Facebook, Xing) und Microblogs wie Twitter oder Instagram aus. Diese ermöglichen jedem Nutzer und Unternehmen eine enorme Reichweite sowie eine schnelle weltweite Verbreitung seiner Botschaften (Kruse Brandão & Wolfram, 2018, S. 14). Dies führte nicht nur zu einer Veränderung der Kommunikationskanäle, sondern zu einer fundamentalen Veränderung der Art und Weise sowie zu einer enormen Beschleunigung der Kommunikation (Dannhäuser, 2017, S. 2).

Im Gegensatz zur Babyboomer Generation (Geburtsjahre 1946-1964) und zur Generation X (1965-1979), erwarten die jüngeren Generationen (Generation Y und Z) von ihren Kommunikationspartnern einen schnellen Informationsaustausch (Buschmann, Latzel, Mattmüller, 2015, S. 206). Was früher per Mundpropaganda einer Handvoll Bekannten weitergegeben wurde, kann heute binnen weniger Sekunden Tausende von Menschen mit nur einem einzigen Klick erreichen (Kruse Brandão & Wolfram, 2018, S. 16). Zudem handelt es sich bei der Generation Y um die erste Generation, die überwiegend mit dem Internet und mobiler Kommunikation aufgewachsen ist und sich weltweit über soziale Netzwerke sowohl über private als auch berufliche Themen austauscht. Vor diesem Hintergrund erfolgte ein Paradigmenwechsel in der Kommunikation, was zu einem Verlust der Informationshoheit über den internen als auch externen Kommunikationsfluss führte (Dannhäuser, 2017, S. 2). Langfristig gesehen müssen Unternehmen sich daher von den althergebrachten Denkweisen nach dem „Post and Pray" Prinzip verabschieden (warten und hoffen, ob der geeignete Bewerber dabei ist), um auf dem eingeschränkten Bewerbermarkt Potentialträger für sich zu gewinnen. Unternehmen müssen sich dem Nutzungsverhalten ihrer Zielgruppen anpassen und dort präsent sein, wo ihre Zielgruppen anzutreffen sind (Aßmann & Röbbeln, 2013, S. 41). Bedingt durch den Siegeszug der digitalen Medien kam es in den vergangenen Jahren zu einer Erhöhung und Verbesserung der Informationstransparenz. Dennoch verfügen viele Kandidaten nicht über ausreichend Informationen und Erfahrungen mit potentiellen Arbeitgebern (Latzel, Dürig, Peters, Weers, 2015, S. 24). Um für junge Arbeitnehmer attraktiv zu sein, sollten neben einer positiven personalisierten Candidate Journey, einer persönlichen Ansprache und Kommunikation auf Augenhöhe, Recruiting Methoden mit einer hohen sozialen Validität (vgl. Kap. 3) Anwendung finden (Verhoeven, 2020, S. 3). Daher sind viele Unternehmen bestrebt, Assessment Center (eignungsdiagnostische Verfahren) zur Vorauswahl über sog. Online Assessment Center in einen virtuellen Raum zu transferieren, um frühzeitig auf sich aufmerksam zu machen. Das Assessment wird dabei mit unternehmensrelevanten Informationen sowie simulativ-spielerischen Elementen (als Teilbereich des Gamification) in der Personalauswahl integriert (Diercks & Kupka, 2013, S. 14). Im Kampf um die richtigen Bewerber entstand so das Konzept des Recrutainment, um die Candidate Journey zu intensivieren und positiv zu gestalten (Fellner, 2019, S. 17).

Doch was verbirgt sich eigentlich hinter dem Begriff Recruitainment? Der aus den Begriffen „Recruiting" und „Entertainment" zusammengesetzte Kunstbegriff Recrutainment hat sich als ein sichtbares und allgemeinakzeptiertes Instrument der effizienten Personalgewinnung etabliert (Diercks, 2017, S. 247). Recrutainment bezeichnet den Einsatz spielerisch-simulativer und damit unterhaltender Elemente und Methoden in den Bereichen Personalmarketing, Employer Branding und Personalgewinnung, die dabei selbst kein Spiel im eigentlichen Sinne darstellen (Diercks & Kupka, 2013, S. 17). Simulativ meint einen realitätsnahen diagnostischen Zugang, um bedeutsame zukünftige berufliche Aufgaben in Form von Verhaltensstichproben zu bewerten (Päßler, Hell, Schuler, 2011, S. 3). Diese Elemente sind so konzipiert, dass eine verbesserte Prüfung der Passung zwischen Bewerbern und Unternehmen erreicht werden kann (Diercks & Kupka, 2013, S. 17). Unter Recrutainment fallen Self-Assessment-Verfahren wie Selbsttests, Verfahren zur Berufsorientierung, Events mit Interaktionselementen und Auswahlverfahren und -tests, sog. Assessments, die Unterhaltungs-, Informations- und Simulationscharakter besitzen (Kubinger, 2010, S. 36). Bei einem Assessment, das nach Recrutainment Gesichtspunkten gestaltet ist, steht weniger die eignungsdiagnostische Auswahl (d. h. Bewertung, Einschätzung, Prüfung) der Bewerber (Fremdselektion), sondern die Auswahl von Unternehmen durch die Kandidaten im Vordergrund (Selbstselektion). Im Zusammenhang mit der Fremdselektion steht nicht die Verbesserung der prognostischen Validität (Vorhersagegüte des eignungsdiagnostischen Auswahlverfahrens) im Fokus, sondern die Verbesserung der sozialen Validität (Akzeptanz des Personalauswahlverfahrens bei den Bewerbern) (vgl. Kapitel 3) (Diercks & Kupka, 2013, S. 17).

## 2.5 Beispiele aus der Unternehmenspraxis

Eine Vielzahl an Unternehmen verschiedenster Branchen wie Airbus, Bearing Point, Brillux, Commerzbank, Covestro, Douglas oder Hensoldt hat in Form von Online-Assessments im Recrutainmentformat erfolgreich Kandidaten rekrutiert (Diercks, 2020, S. 94). Die folgenden zwei Praxisbeispiele sollen exemplarisch das Spektrum der Möglichkeiten im Online-Recrutainment aufzeigen. Das erste Beispiel eines erfolgreich implementierten Online-Recrutainment Verfahrens kommt aus dem Bereich der Finanzdienstleistungsbranche. Der Hamburger Recrutainment Spezialist Cyquest konzipierte die „Targo Bank Tour" zur Vorauswahl von Ausbildungsplatzbewerbern und Bewerbern für ein duales Studium bei der Targo Bank (vgl. Abb. 3) (Cyquest GmbH, 2020c).

Abb. 3: Targo Bank Tour: Einblicke in die Ausbildung
Quelle: Cyquest GmbH (2020b)

Das Online-Recrutainment Verfahren erfährt durch die unternehmensindividuelle Gestaltung und die multimethodale Eignungsdiagnostik mit Employer Branding Elementen besonders hohe Akzeptanzwerte (Scheel, Rigotti, Mohr, 2014, S. 749-772). Dadurch gelingt es der Targo Bank, eine hohe Anzahl der jährlichen Bewerber zur Teilnahme am Recrutainment-Programm einzuladen. Das Online-Testverfahren bietet die Möglichkeit, verschiedene Auswahlmerkmale wie die kognitive Leistungsfähigkeit (vgl. Abb. 4) oder Rechtschreibkenntnisse eines Bewerbers spielerisch und unterhaltsam zu überprüfen sowie berufsbezogene Persönlichkeitsmerkmale zu beurteilen (Cyquest GmbH, 2020c).

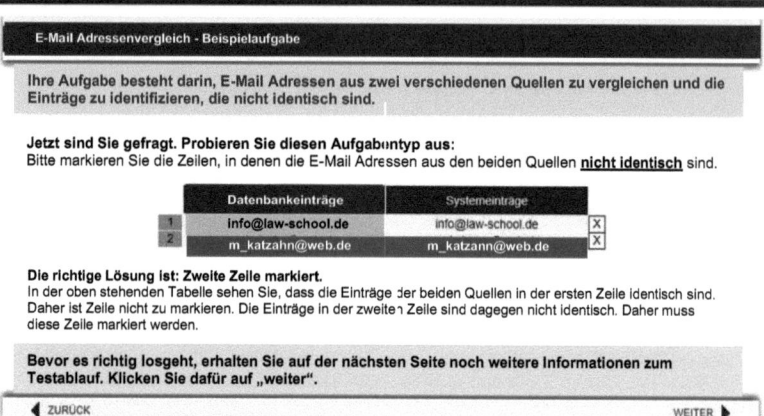

Abb. 4: Targo Bank Tour: Beispiel kognitive Leistungsfähigkeit
Quelle: Cyquest GmbH (2020b)

Das gesamte Online-Assessment basiert dabei auf einem Erzählleitfaden (Story Telling), wobei den Kandidaten die Markenbotschaften sowohl direkt als auch indirekt übermittelt werden. Über das Verfahren der realistischen Tätigkeitsvorschau („Realistic Job Preview") erhalten Kandidaten authentische Informationen über verschiedene Standorte und Mitarbeiter oder lernen beispielsweise diverse Unternehmensbereiche wie eine Filiale, das Schulungszentrum der Targo Bank oder unternehmensspezifische Umgangsformen (z. B. den Dresscode) kennen. Zudem übernehmen Bewerber bei der Targo Bank Tour simulative Aufgaben (etwa Budgetplanung) wie sie Auszubildenden oder dualen Studenten bei der Bank begegnen könnten (vgl. Abb. 5) (Diercks, 2020, S. 94).

TARGO ✕ BANK

Abb. 5: Targo Bank Tour: Beispiel für die simulative Aufgabe „Budgetplanung"
Quelle: Cyquest GmbH (2020b)

Anhand des Konzepts der „Jungen Filiale" ermöglicht die Targo Bank z. B. ihren Kandidaten Einblicke in die Ausbildung, wobei Auszubildende im 3. Lehrjahr in die Rolle eines Filialleiters schlüpfen (Cyquest GmbH, 2020c).

Ein weiteres Beispiel stammt aus der Energiehandelssparte. Seit 2011 integriert E.ON das Online-Assessment „E.ON Phasenprüfer" als festen Bestandteil ihrer Auswahlprozesse (Cyquest GmbH, 2020). E.ON machte sich mit dem Phasenprüfer (eigentlich ein kleines Prüfmittel zum Feststellen von Wechselspannungen im Niederspannungsbereich) metaphorisch die Bezeichnung für das Online-Assessment zu nutze, um eine „Prüfung" in einer wichtigen Phase, nämlich der Bewerbung auf einen Ausbildungsplatz vorzunehmen. Der E.ON Phasenprüfer fungiert dabei einerseits als reines Testinstrument, das anforderungsbezogen in Abhängigkeit vom jeweiligen Ausbildungsberuf oder angestrebten Studiengang neben Wissensaspekten (Rechtschreibung, Grammatik), technischem Verständnis u. a. auch Kompetenzen wie z. B. Planungsfähigkeit überprüft. Der Schwerpunkt des „E.ON Phasenprüfers" liegt auf der Überprüfung der berufsbezogenen kognitiven Leistungsfähigkeit, d. h. in der Fähigkeit zum analytischen, schlussfolgernden Denken (vgl. Abb. 6) (Diercks, 2017, S. 258).

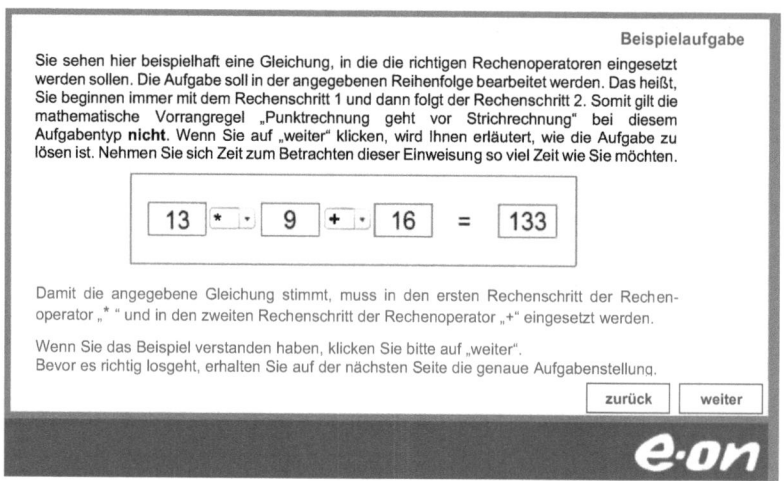

Abb. 6: E.ON Phasenprüfer: Beispiel kognitive Leistungsfähigkeit
Quelle: Cyquest GmbH (2020a)

Andererseits wird der „E.ON Phasenprüfer" als Marketinginstrument genutzt, das den Kandidaten umfassende Eindrücke in E.ON Berufswelten gewährt. Jedes Testmodul wird dabei von 2-3 realen Azubis anmoderiert, wobei mit Hilfe von Recrutainment Elementen der Bewerber tiefere Einblicke und umfassende Informationen in den jeweiligen Ausbildungsberuf bekommt. Seit der Einführung konnte E.ON damit den Auswahlprozess damit nicht nur deutlich vereinfachen und beschleunigen, sondern auch kostengünstiger und insgesamt effektiver gestalten (Diercks, 2017, S. 239).

Beide Praxisbeispiele bestehen aus einer nutzerorientierten Kombination von eignungsdiagnostischen Testverfahren mit informativen und unterhaltenden Anteilen, die Teil der Arbeitgebermarkenkommunikation sind. Zentral ist dabei, dass sich das Unternehmen durch die Anwendung des Recrutainment die 2-Wege Kommunikation zunutze macht. Vom zukünftigen Arbeitgeber werden so einerseits Daten der Bewerber erfasst; andererseits erhalten Kandidaten wichtige Informationen. Das Verfahren ist dabei in eine Rahmenhandlung eingebettet, die modern, spielerisch und emotional ansprechend verpackt ist. Hier können Kandidaten spezifische Aufgaben übernehmen oder bei einem Unternehmensrundgang elementare Abläufe und Bereiche kennenlernen. Durch das unternehmensspezifische Gesamtdesign wird das Online-Assessment im Recrutainmentformat nicht als Standardeignungsverfahren wahrgenommen (Kupka. 2013, S. 56).

## 3. Soziale Validität

Für den Erfolg der Personalgewinnung trägt neben den sog. Attraktivitätsfaktoren (z. B. Vergütung, Entwicklungsmöglichkeiten, Gehalt) und der Candidate Experience maßgeblich die soziale Validität (Wahrnehmung und Akzeptanz eines Auswahlverfahrens) bei (Nerdinger, Blickle, Schaper, 2019, S. 262).

### 3.1 Das Konzept der sozialen Validität nach Schuler & Stehle

Das Forschungsfeld der bewerberseitigen Wahrnehmungen und Reaktionen wurde v. a. durch das Modell der sozialen Validität von Schuler und Stehle im Jahr 1983 begründet (Schuler, 2014, S. 370). Neben den klassischen Gütekriterien (Objektivität, Reliabilität und Validität) wurde die Validität um eine soziale Perspektive erweitert. Die soziale Validität zielt dabei nicht auf die Qualität und Gültigkeit des Verfahrens ab, sondern befasst sich mit dem Erleben und der Wirkung eignungsdiagnostischer Situationen auf den Teilnehmer (Huf, 2020, S. 53). Schuler und Stehle (1983) identifizierten in ihrem Konzept der sozialen Validität insbesondere 4 Komponenten, die die bewerberseitige Akzeptanz der Auswahlsituation beeinflussen. Die vier Komponenten (Information, Partizipation/ Kontrolle, Transparenz sowie Urteilskommunikation und Feedback) sind dabei als 4 unabhängige Variablen anzusehen, die die Wahrnehmung und die Reaktion der Bewerber in Auswahlsituationen beeinflussen (vgl. Abb. 7) (S. 35-36).

Abb. 7: Bewertung der sozialen Validität von Bewerbungsgesprächen und Assessment Centern
Quelle: H. Schuler (1983), S. 35-36

1. **Information** umfasst die klare Darstellung des Anforderungsprofils (Aufgabenbereiche und Anforderungen der vakanten Position). Zudem sollen Informationen über die Organisationsmerkmale und -ziele, über die Organisationskultur und den -stil (z. B. Führung, Klima) sowie Information über Möglichkeit persönlicher und beruflicher (Weiter-)Entwicklung gegeben werden (Schuler & Stehle, 1983, S. 35-36).

2. **Partizipation/ Kontrolle** bezieht sich im engeren Sinne auf die Gestaltung der Auswahlsituation bzw.–instrumente der Betroffenen oder an der Entscheidung (in entweder direkter oder repräsentativer Form, z. B. mittels Arbeitnehmervertretung) (Schuler & Stehle, 1983, S. 35-36). Im weiteren Sinn geht es um die Möglichkeit, Kontrolle auf die Situation auszuüben oder Entscheidungen anderer beeinflussen zu können (Schuler, H. & Stehle, W., 1985, S. 133-138; Schuler, 2014, S. 370-375).

3. **Transparenz** der Durchführung des eignungsdiagnostischen Auswahlverfahrens (Stand der Bewerbung, Aufgabenbezug der Auswahlinstrumente, Rolle der agierenden Personen, Regeln des Bewertungsverfahrens) sowie der Ergebnis- und Entscheidungsfindung (Schuler & Stehle, 1983, S. 35-36). Besonders Augenmerk sollte auf die Transparenz in Hinblick auf die Transformation der Daten in Urteile gelegt werden (Schuler, H. & Stehle, W., 1985, S. 133-138; Schuler, 2014, S. 370-375).

4. **Urteilskommunikation/ Feedback** zu den Ergebnissen verlangen nach einer warmherzigen, offenen, rücksichtsvollen, verständnisvollen, aufrichtigen und wertschätzenden Kommunikation (Schuler & Stehle, 1983; S. 35-36, Schuler, 1990, S. 185).

## 3.2 Wie können Unternehmen den Kriterien der sozialen Validität gerecht werden?

Für den Erfolg eines Rekrutierungsprozesses ist die Wahrnehmung der Auswahlverfahren aus der Perspektive der potenziellen und tatsächlichen Kandidaten entscheidend, um den Kriterien der sozialen Validität gerecht zu werden (Nerdinger et al, 2019, S. 261). Hausknecht, Day und Thomas (2004) untersuchten die Fragestellung, wie verschiedene Auswahlverfahren von potentiellen Kandidaten hinsichtlich der sozialen Validität erlebt und bewertet werden. Der Vergleich der Testinstrumente hat ergeben, dass Interviews, Arbeitsproben und die Analyse des Lebenslaufs die höchste Akzeptanz bei Bewerbern erzielen (vgl. Tab. 2 ). Persönlichkeitstests hingegen erfahren eine höhere Ablehnung und Skepsis im Gegensatz zu kognitiven Testverfahren oder Intelligenztests. Ehrlichkeitstests und graphologische Verfahren erzeugen bei Bewerbern nur eine sehr geringe Akzeptanzwerte (S. 639-683).

| Personalauswahlverfahren | | Aggregierte Akzeptanzwerte 1 = geringe Akzeptanz, 5 = hohe Akzeptanz |
|---|---|---|
| 1. | Interviews | 5,18 |
| 2. | Arbeitsproben | 5,05 |
| 3. | Lebenslauf | 5 |
| 4. | Arbeitszeugnisse/ Referenzen | 4,61 |
| 5. | Intelligenztests | 4,35 |
| 6. | Persönlichkeitstests | 3,96 |
| 7. | Biographische Verfahren | 3,93 |
| 8. | Persönliche Beziehungen mit der einstellenden Person | 3,51 |
| 9. | Ehrlichkeitstests | 3,46 |
| 10. | Graphologische Verfahren | 2,37 |

Tab. 2: Rangreihe der Akzeptanz von Personalauswahlverfahren mit mittlerem Akzeptanzwert von 10 Personalauswahlverfahren
Quelle: Eigene Darstellung in Anlehnung an J. P. Hausknecht, D. Day, S. C. Thomas (2004), S. 639-683

Die Untersuchung zur sozialen Validität von Njå (1998) hat ergeben, dass ein Assessment Center allen vier Kriterien der sozialen Validität dem Bewerbungsgespräch überlegen ist (vgl. Abb. 7). Die Einstufung der Beurteilung wurde nach dem klassischen Schulnotensystem vorgenommen (1=sehr gut, 5=mangelhaft). Bei den Parametern Transparenz und Urteilskommunikation konnte Njå signifikante Differenzen aufzeigen (Njå, 1998, S. 64-68).

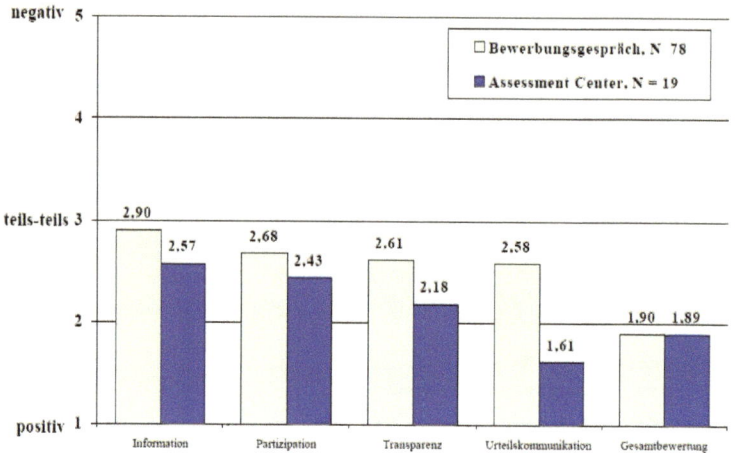

Abb. 8: Mittelwertunterschiede in der Bewertung der sozialen Validität von Bewerbungsgesprächen und Assessment Centern
Quelle: N. Njå (1998), S. 66

Kupka (2013) konnte in seinen beiden Erhebungen zur sozialen Validität ebenfalls nachweisen, dass Online-Assessments mit Recrutainment eine höhere soziale Validität aufweisen als klassische Leistungstestverfahren (z. B. Intelligenz- oder Persönlichkeitstests). Zudem konnte er belegen, dass Online-Assessments gegenüber ortsgebundenen Assessments zu weniger Bewerbungsabbrüchen und damit einhergehend zu einem geringeren Aufwand für das Unternehmen führen (vgl. Abb. 9) (S. 58-65).

Abb. 9: Vergleich der Abbruchquoten zwischen Offline- und Online-Gruppe
Quelle: K. Kupka (2013), S. 59

Unternehmen müssen sozial valide Verfahren wie z. B. Interviews oder Online-Assessment Center gestaltet nach Recrutainmentgesichtspunkten nutzen, da diese für Bewerber eine wesentlich geringere Barriere darstellen. So kann eine deutlich höhere Grundquote generiert werden, um den passenden Kandidaten aus einer ausreichend großen Menge an Kandidaten erfolgreich zu rekrutieren (Diercks, 2020, S. 92).

Auf Verfahren mit geringer sozialer Validität (z. B. graphologische Verfahren, Ehrlichkeitstests, biographische Verfahren) sollte vollständig verzichtet werden. Auch Methoden wie Arbeitszeugnisse und Persönlichkeitstests erzielen insgesamt zwar eine positive Akzeptanz, erfahren jedoch erheblich niedrigere Akzeptanzwerte als Arbeitsproben, Lebenslauf oder Interviews. Ein Interview könnte wie in der folgenden Abbildung gestaltet sein:

---

**Die „optimale" Auswahlsituation aus Bewerbersicht**

- Termin rechtzeitig verabreden, Firmenunterlagen und Wegbeschreibung vorab zuschicken, Fahrtkostenerstattung

- Schönes Gebäude, angenehme Umgebung, gute Bewirtung

- Ablauf so regeln, daß keine Wartezeiten entstehen, für jeden Bewerber genügend Zeit einplanen

- Vor dem eigentlichen Gespräch: Warming up-Phase, Smalltalk, Bemühungen, dem Bewerber die Nervosität zu nehmen und die Situation zu entspannen

- Gespräch auf den Bewerber zuschneiden, nette freundliche, angenehme, vertrauensvolle Atmosphäre schaffen

- Der Interviewer sollte freundlich, motiviert, offen, humorvoll, fachlich kompetent, erfahren, gut vorbereitet und informiert sein. Er sollte sich Zeit nehmen, das Gespräch konstruktiv leiten.

- Weiterhin sollte der Interviewer dem Bewerber die Möglichkeit geben, eigene Fragen zu stellen sowie seine Vorstellungen und Wünsche einzubringen.

- Der Interviewer soll dem Bewerber das Gefühl geben, wichtig zu sein und auf ihn eingehen. Er soll Interesse an der Person des Bewerbers zeigen und dessen berufliche Ziele und Absichten berücksichtigen.

- Die Interviewfragen sollten eher auf der persönlichen Ebene gestellt werden, kein Abfragen von Fachwissen

- Respektvoller, höflicher, fairer Umgang im Gespräch

- Der Bewerber sollte über das Unternehmen, seine spätere Tätigkeit, Entwicklungschancen etc. informiert werden. Potentielle Kollegen und Vorgesetzte sollten vorgestellt werden.

- Es sollten sinnvolle Bewertungskriterien angelegt, das konkrete Vorgehen mit dem Bewerber angesprochen und Bewertungskriterien offen gelegt werden.

- Feedback sollte unmittelbar nach dem Gespräch erfolgen. Das Feedback sollte ausführlich sein, auf Stärken und Schwächen eingehen. Es sollte eher direkt, unverblümt und authentisch sein.

---

Abb. 10: Gestaltungsempfehlungen für die optimale Auswahlsituation aus Bewerbersicht
Quelle: N. Njå (1998), S. 67

Gemäß den bisherigen Ausführungen kann es Unternehmen gelingen, die drei Komponenten der sozialen Validität Information, Transparenz und Urteilskommunikation zu erfüllen. In Auswahlsituationen kann jedoch dem Kriterium Partizipation, wie es in dem 4-Komponenten-Modell von Schuler (1983) postuliert wurde, kaum Berücksichtigung geschenkt werden, da Organisationen den Kandidaten nur wenig Möglichkeiten einräumen können, aktiv Einfluss auf die meist starre und notwendige Struktur zu nehmen. Insofern ist auch eine Realisierung der Partizipation im Sinne einer Kontrolle der Situation (Machtausübung) für Unternehmen nahezu nicht gegeben (Njå, 1998, S. 68).

28

## 3.3 Welchen Beitrag kann das Candidate Experience Management zu einem erfolgreichen Rekrutierungsprozess leisten?

Das Candidate Experience Management befasst sich mit der aktiven Gestaltung und Optimierung aller Kontaktpunkte, um einen möglichst positiven Gesamteindruck sowie ein konsistentes, differenzierendes und präferenzstiftendes Bild der Arbeitgebermarke (Employer Brand) beim Bewerber zu generieren (Athanas & Wald, 2014). Die Hauptanforderung für das Candidate Experience Management besteht darin, sämtliche Aktivitäten innerhalb des Bewerbungsprozesses miteinander abzustimmen und zu verzahnen. Dadurch soll eine negative Candidate Experience verhindert werden, um so Bewerbungsabbrüchen vorzubeugen, den Kandidaten von der Annahme des Stellenangebotes zu überzeugen sowie langfristig gesehen dessen Verbleib in der Organisation zu sichern (Petry & Jäger, 2018, S. 160). Darüber hinaus muss das Candidate Experience Management sicherstellen, durch die Auswahl geeigneter Maßnahmen der Fremd- und Selbstselektion den Kriterien der sozialen Validität gerecht zu werden. Eine Abgrenzung von Rekrutierung, Employer Branding und Personalmarketing ist dabei nicht sinnvoll, da die jeweiligen Arbeitsgebiete Hand in Hand zusammenarbeiten müssen (Mattmüller et al., 2015, S. 157). Generell ist das Candidate Experience Management gefordert, eine positive Candidate Experience herbeizuführen. Zentrale Aspekte sind hier authentische Informationen, Transparenz, klare Urteilskommunikation und kontinuierliches Feedback, Kommunikation auf Augenhöhe, Wertschätzung und schnelle Prozesse.

Daher gilt es als Handlungsempfehlung für die Praxis, über alle Kontaktpunkte der Candidate Journey hinweg ein konsistentes und in sich geschlossenes Konzept zu entwickeln, so dass eine positive Candidate Experience und somit letztendlich auch ein erfolgreicher Rekrutierungsprozess gewährleistet werden kann (Mattmüller et al., 2015, S. 157).

Beruhend auf den Annahmen des Konstrukts der sozialen Validität von Schuler und Stehle, kann die Hypothese vertreten werden, dass zwischen der sozialen Validität und der Candidate Experience Parallelen erkennbar sind, weshalb die soziale Validität als Grundlage der heutigen Candidate Experience angesehen werden kann.

# Anlagen

## Anlage 1:

Anlage 1:  Generationen auf dem Arbeitsmarkt Babyboomer - Generation Z
Quelle: Eigene Darstellung in Anlehnung an Buschmann et al., 2015, S. 206

# Literaturverzeichnis

**Armutat, S. Bartholomäus, N., Franken, S., Herzig, V., Helbich, B. (2018).** Personalmanagement in Zeiten von Demografie und Digitalisierung. Herausforderungen und Bewältigungsstrategien für den Mittelstand. Wiesbaden: Springer Verlag.

**Arnold, H. (2015).** Einsichten zu Social Media Recruiting: Wie Sie Netzwerke wirklich richtig nutzen. 2. Auflage. Freiburg: Haufe Verlag.

**Aßmann, S., Röbbeln, S. (2013).** Social Media für Unternehmen. Das Praxisbuch für KMU. Bonn: Galileo Press.

**Bartscher, T., Nissen, R. (2017).** Personalmanagement. Grundlagen, Handlungsfelder, Praxis. 2. Auflage. Hallbergmoos: Pearson Verlag.

**Bauer, R. (2020).** Wie die Jobsuche zur Traumjobsuche wird – und wie HR Tech dabei hilft. In: T. Verhoeven (Hrsg.): Digitalisierung im Recruiting. Wie sich Recruiting durch künstliche Intelligenz, Algorithmen und Bots verändert. Wiesbaden: Springer Verlag.

**Bechler, S, Woodward I. C. (2009).** The global "war for talent". The International Journal of Information Management, 15: p. 273–285.

**Berg, N. (2006).** Globale Teams: Eine kritische Analyse des gegenwärtigen Forschungsstands. Z Pers 20(6): S. 215–232.

**Bruhn, M. (2014).** Marketing. Grundlagen für Studium und Praxis. 12. Auflage. Wiesbaden: Springer Verlag.

**Bruhn, M., Hadwich, K. (2012).** Dienstleistungsmanagement und Social Media. Potenziale, Strategien und Instrumente. Customer Experience: Forum Dienstleistungsmanagement. Wiesbaden: Gabler Verlag.

**Buschmann, A., Latzel, J., Mattmüller, R. (2015).** Das „House of Employer Branding" als Lösungsansatz für die Praxis. In: G. Hesse & R. Mattmüller (Hrsg.): Perspektivwechsel im Employer Branding. Neue Ansätze für die Generationen Y und Z. Wiesbaden: Springer Verlag.

**Crispin, G., Burnett, M., Clayton, P., Dingee, K., Gotkin, B., Hudson, C. et al. (2014).** The candidate experience report 2013, o. O., o. V.

**Dannhäuser, R. (2017).** Praxishandbuch Social Media Recruiting: Experten Know-How/ Praxistipps. 3. Auflage. Stuttgart. Filderstadt: Springer Verlag.

**Diercks, J., Kupka, K. (2013).** Recrutainment – Bedeutung, Einflussfaktoren und Begriffsbestimmung. In: J. Diercks & K. Kupka (Hrsg.): Recrutainment – Spielerische Ansätze in Personalmarketing und -auswahl . Berlin: Springer Verlag.

**Diercks, J. (2017).** Recrutainment: Unterhaltsam und effizient rekrutieren. In: J. Buckmann (Hrsg.): Einstellungssache: Personalgewinnung mit Frechmut und Können. Frische Ideen für Personalmarketing und Employer Branding. 2. Auflage. Wiesbaden: Springer Verlag.

**Diercks, J. (2020).** Online-Assessment. Von Orientierung und Matching über datengetriebene Personalauswahl bis hin zu People Analytics. In: T. Verhoeven (Hrsg.): Digitalisierung im Recruiting: Wie sich Recruiting durch künstliche Intelligenz, Algorithmen und Bots verändert. Wiesbaden: Springer Verlag.

**Esch, F. R., Klein, J., Knörle, C., Schmitt, M. (2016).** Strategie und Steuerung des Customer Touchpoint Management. In: F. R. Esch, M. Bruhn, T. Langner (Hrsg.): Handbuch der Marketingkommunikation, Band 4. Controlling der Kommunikation. Wiesbaden: Springer Verlag.

**Farndale, E., Raghuram, S., Gully, S., Liu, X., Phillips, J. M., Vidović, M. (2017).** A vision of international HRM research. The International Journal of Human Resource Management, 28(12), p. 1625–1639.

**Fellner, K. (2019).** Moderne Personalauswahl. Renommierte Experten über Trends, neue Technologien, Chancen und Risiken in der Eignungsdiagnostik. Wiesbaden: Springer Verlag.

**Felser, G. (2010).** Personalmarketing. Göttingen: Hogrefe Verlag.

**Hansen, N. K., Hauff, S. (2019).** Talentmanagement. Trends, Herausforderungen und strategische Optionen. In: M. Busold (Hrsg.): War for Talents. 2. Auflage. Düsseldorf: Springer Verlag.

**Hausknecht, J. P., Day, D. V., Thomas, S. C. (2004).** Applicant reactions to selection procedures. An updated model and meta-analysis. Personnel Psychology, 57, p. 639-683.

**Helmrich, R., Zika, G., Kalinowski, M., Wolter, M. I. (2012).** Engpässe auf dem Arbeitsmarkt: Geändertes Bildungs- und Erwerbsverhalten mildert Fachkräftemangel. Neue Ergebnisse der BIBB-IAB-Qualifikations- und Berufsfeldprojektionen bis zum Jahr 2030. BIBB-Report. No. 5/2012. S. 1-13.

**Huf, S. (2020).** Lehrbuch Personalmanagement. Studienwissen kompakt. Wiesbaden. Springer Verlag.

**Kanning, U. P. (2016).** Personalmarketing, Employer Branding und Mitarbeiterbindung. Forschungsbefunde und Praxistipps aus der Personalpsychologie. Berlin, Heidelberg: Springer Verlag.

**Klaffke, M. (2014).** Generationen-Management. Konzepte, Instrumente, Good-Practice-Ansätze. Wiesbaden: Springer.

**Konschak, B. (2014).** Professionelles Personalmarketing. Die richtigen Mitarbeiter für ihr Unternehmen ansprechen und gewinnen. Freiburg, München: Haufe Verlag.

**Kruse Brandão T., Wolfram, G. (2018).** Digital Connection. Die bessere Customer Journey mit smarten Technologien. Strategie und Praxisbeispiele. Wiesbaden: Springer Verlag.

**Kubinger, K. D. (2010).** Das Verfahrensinventar psychologischen Diagnostizierens in der baldigen Zukunft. In K. D. Kubinger & T. M. Ortner (Hrsg.): Psychologische Diagnostik in Fallbeispielen (S. 30–42). Göttingen: Hogrefe.

**Kupka, K. (2013).** Online-Assessments im Recrutainment-Format. Wie gefällt das eigentlich den Bewerbern in der echten Auswahlsituation? In: J. Diercks & K. Kupka (Hrsg.): Recrutainment – Spielerische Ansätze in Personalmarketing und -auswahl. Berlin. Springer Verlag.

**Latzel, J., Dürig, U.-M., Peters, K., Weers, J.-P. (2015).** Marke und Branding. In: G. Hesse & R. Mattmüller (Hrsg.): Perspektivwechsel im Employer Branding. Neue Ansätze für die Generationen Y und Z. Wiesbaden: Springer Verlag.

**Mangelsdorf, M. (2015).** Von Babyboomer bis Generation Z: Der richtige Umgang mit unterschiedlichen Generationen im Unternehmen. Offenbach: Gabal Verlag.

**Mattmüller, R., Grote, J. H., Reif, M. K., Buckmann, J., Hesse, G., Mahlodji, A. et al. (2015).** Fallstudien zu aktuellen Herausforderungen im Employer Branding und Personalmarketing. In: G. Hesse & R. Mattmüller (Hrsg.): Perspektivwechsel im Employer Branding. Neue Ansätze für die Generationen Y und Z. Wiesbaden: Springer Verlag.

**Moser, K., Zempel, J. (2006).** Personalmarketing. In: H. Schuler (Hrsg.): Lehrbuch der Personalpsychologie. 2. Auflage. Göttingen: Hogrefe Verlag.

**Nerdinger, F. W., Blickle, G., Schaper, N. (2019).** Arbeits- und Organisationspsychologie. 4. Auflage. Berlin, Heidelberg: Springer Verlag.

**Njå, N. (1998).** Personalauswahl aus Bewerbersicht. Eine Studie zum Konzept der sozialen Validität. Mannheimer Beiträge. Vol. 2. S. 56-70.

**Päßler, Hell, Schuler (2011).** Grundlagen der Berufseignungsdiagnostik und ihre Anwendung auf den Lehrerberuf. Zeitschrift für Pädagogik, 57. Jahrgang 2011, Heft 5, S. 3-15.

**Petry, Th., Jäger, W. (2018).** Digital HR: Smarte und agile Systeme, Prozesse und Strukturen im Personalmanagement. Freiburg: Haufe Verlag.

**Petschar, S., Zavrel, J. (2016).** Candidate Experience im E-Recruiting. Kann ein benutzerfreundlicher und effizienter Bewerbungsprozess mit technischen Hilfsmitteln erreicht werden? In: T. Verhoeven (Hrsg.): Candidate Experience. Ansätze für eine positiv erlebte Arbeitgebermarke im Bewerbungsprozess und darüber hinaus. Wiesbaden: Springer Verlag.

**Rath, B. H., Salmen, S. (2012).** Recruiting im Social Web. Talentmanagement 2.0. Göttingen: Springer Verlag.

**Ruthus, J. (2013).** Employer of Choice der Generation Y: Herausforderungen und Erfolgsfaktoren. Wiesbaden: Springer Verlag.

**Scheel, T., Rigotti, T., Mohr, G. (2014).** Training and Performance of diverse workforce. Human Ressource Management, 53, S. 749-772.

**Schnitzler, S. (2020).** Online-Kommunikation im Recruiting für KMU. Reifegrade von Employer Branding & Candidate Experience. Wiesbaden: Springer Verlag.

**Schöffler, M. (2019).** Wie aus Bewerbern Mitarbeiter werden. Vom Erstkontakt zur Einarbeitung. Pflege-Personal finden und binden. Hannover: Schlütersche Verlagsgesellschaft.

**Schrader, C. (2020).** Recruiting Analytics. Wie Unternehmen durch eine stärkere Datenorientierung ihr Recruiting nachhaltig optimieren können. In: T. Verhoeven (Hrsg.): Digitalisierung im Recruiting: Wie sich Recruiting durch künstliche Intelligenz, Algorithmen und Bots verändert. Düsseldorf: Springer Verlag.

**Schuler, H. (1990).** Personenauswahl aus der Sicht der Bewerber: Zum Erleben eignungsdiagnostischer Situationen. Zeitschrift für Arbeits- und Organisationspsychologie, S. 184-191.

**Schuler, H. (2014).** Psychologische Personalauswahl. Eignungsdiagnostik für Personalentscheidungen und Berufsberatung. Eignungsdiagnostik für Personalentscheidungen und Berufsberatung. 4. Auflage. Göttingen. Hogrefe Verlag.

**Schuler, H. & Stehle, W. (1983).** Neuere Entwicklungen des Assessment Center Ansatzes beurteilt unter dem Aspekt der sozialen Validität. Psychologie & Praxis. Zeitschrift für Arbeits- und Organisationspsychologie, 27. Jg., S. 33-44.

**Schuler, H. & Stehle, W. (1985).** Soziale Validität eignungsdiagnostischer Verfahren: Anforderung für die Zukunft. In: H. Schuler & W. Stehle (Hrsg.): Organisationspsychologie und Unternehmenspraxis: Perspektiven der Kooperation (S. 133-138). Stuttgart: Hogrefe.

**Stock-Homburg, R., Groß, M. (2019).** Personalmanagement. Theorien, Konzepte, Instrumente. 4. Auflage. Wiesbaden: Springer Verlag.

**Stotz, W., Wedel-Klein, A. (2013).** Employer Branding: Mit Strategie zum bevorzugten Arbeitgeber. München; Berlin: De Gruyter Verlag.

**Trost, A. (2012).** Talent Relationship Management: Personalgewinnung in Zeiten des Fachkräftemangels. Tübingen: Springer Verlag.

**Truschkat, I. (2008).** Kompetenzdiskurs und Bewerbungsgespräche: Eine Dispositivanalyse (neuer) Rationalitäten sozialer Differenzierung. Theorie und Praxis der Diskursforschung. Wiesbaden: VS Verlag für Sozialwissenschaften.

**Ullah, M., Ullah, R. (2015).** Erfolgsfaktor Candidate Experience: Der Perspektivwechsel im Recruiting. Stuttgart: Schäffer-Poeschel Verlag.

**Verhoeven, T. (2016).** Die Candidate Journey und Touchpoints. Ansätze zur systematischen Betrachtung und Strukturierung der verschiedenen Kontaktpunkte zwischen Bewerber und Arbeitgeber – mit Ideen zur Messbarkeit. In: T. Verhoeven (Hrsg.): Candidate Experience. Ansätze für eine positiv erlebte Arbeitgebermarke im Bewerbungsprozess und darüber hinaus. Wiesbaden: Springer Verlag.

**Verhoeven, T. (2016a).** Die Theorie der Candidate Experience. In: T. Verhoeven (Hrsg.): Candidate Experience. Ansätze für eine positiv erlebte Arbeitgebermarke im Bewerbungsprozess und darüber hinaus. Wiesbaden: Springer Verlag.

**Verhoeven, T. (2016b).** Onboarding als integraler Bestandteil eines systematischen Candidate Experience Managements. Warum es zu kurz gedacht ist, Candidate Experience Management direkt nach dem Bewerbungsprozess enden zu lassen. In: T. Verhoeven (Hrsg.): Candidate Experience. Ansätze für eine positiv erlebte Arbeitgebermarke im Bewerbungsprozess und darüber hinaus. Wiesbaden: Springer Verlag.

**Verhoeven, T. (2016c).** Zahlen, Daten und Fakten zu Candidate Experience in Deutschland. Eine Übersicht der aktuellsten Studienergebnisse zum Thema Candidate Experience in Deutschland. In: T. Verhoeven (Hrsg.): Candidate Experience. Ansätze für eine positiv erlebte Arbeitgebermarke im Bewerbungsprozess und darüber hinaus. Wiesbaden: Springer Verlag.

**Verhoeven, T. (2020).** Digitale Candidate Experience. Wie sich das Modell der Candidate Experience in den letzten Jahren durch die Auswirkungen der Digitalisierung gewandelt hat. In: T. Verhoeven (Hrsg.): Digitalisierung im Recruiting: Wie sich Recruiting durch künstliche Intelligenz, Algorithmen und Bots verändert. Wiesbaden: Springer Verlag.

**Werding, M. (2019).** Talente werden knapp: Perspektiven für den Arbeitsmarkt. In: M. Busold (Hrsg.): War for Talents: Erfolgsfaktoren im Kampf um die Besten. 2. Auflage. Düsseldorf: Springer Verlag.

**Zika, G., Helmrich, R., Maier, T., Weber, E., Wolter, M. I. (2018).** Arbeitsmarkteffekte der Digitalisierung bis 2035: Regionale Branchenstruktur spielt eine wichtige Rolle. IAB-Kurzbericht, No. 9/2018. Institut für Arbeitsmarkt- und Berufsforschung (IAB), Nürnberg. S. 2-15.

## Internetquellen:

**Athanas, C., Wald, P. M. (2014).** Candidate Experience Studie 2014. Zusammenfassung der Ergebnisse der Studie zum Bewerbungserleben von Kandidaten in Deutschland und Ableitung von Schlussfolgerungen für Recruitingstrategien sowie Employer Branding. In Kooperation mit der Hochschule für Technik, Wirtschaft und Kultur (HTWK) in Leipzig. Zugriff am 30.3.2020. Verfügbar unter: https://www.metahr.de/studien/Candidate_Experience_Studie_2014.pdf

**Athanas, C., Wald, P. M. (2017).** Candidate Experience Studie 2017. Good Practices: Vom passenden Kandidaten zum loyalen Mitarbeiter. In Kooperation mit der Hochschule für Technik, Wirtschaft und Kultur (HTWK) in Leipzig. Zugriff am 30.04.2020. Verfügbar unter: https://www.metahr.de/studien/Candidate_Journey_Studie_2017.pdf

**Cyquest GmbH (2020).** E.ON testet Ausbildungsplatz-Bewerber online mit dem „E.ON Phasenprüfer". Zugriff am 27.07.2020. Verfügbar unter: https://www.cyquest.net/portfolio-item/e-on-testet-ausbildungsplatz-bewerber-online-mit-dem-e-on-phasenprufer

**Cyquest GmbH (2020a).** E.ON Phasenprüfer. Zugriff am 27.07.2020. Verfügbar unter: https://www.cyquest.net/portfolio-item/e-on-phasenpruefer

**Cyquest GmbH (2020b).** Targo Bank-Tour. Zugriff am 28.07.2020. Verfügbar unter: https://www.cyquest.net/portfolio-item/targobank-tour

**Cyquest GmbH (2020c).** Webbasiertes Online-Assessment zur Rekrutierung von auszubildenden bei der Targo Bank. https://www.cyquest.net/portfolio-item/webbasiertes-eassessment-zur-rekrutierung-von-auszubildenden-bei-der-targobank

**Eisele, D., & Weller-Hirsch, L. (2014).** Online Recruiting Studie 2014, Softgarden in Kooperation mit der Hochschule Heilbronn. Zugriff am: 23.03.2020. Verfügbar unter: https://www.softgarden.de/wp-content/uploads/studien/Studie-Online-Recruiting-Studie-2014.pdf

**Esch, F.-R., Faber, D. (2015).** Wenn Bewerber leiden, leiden Marken. Personalwirtschaft. Ausgabe 8/2015. Zugriff am: 29.06.2020. Verfügbar unter: https://www.personalwirtschaft.de/produkte/archiv/magazin/ausgabe-8-2015/0%3A7385648.html

**Esch, F.-R., Seibel, F. (2015).** Candidate Experience Studie 2015. Marken leiden unter schlechten Bewerbungsverfahren. Wie Recruitingprozesse Marken beeinflussen. Zugriff am 28.06.2020. Verfügbar unter: https://www.esch-brand.com/wp-content/uploads/2018/04/esc-0011-Candidate-Experience-Studie_Web1.pdf

**Statistisches Bundesamt (2019).** Bevölkerung im Erwerbsalter sinkt bis 2035 voraussichtlich um 4 bis 6 Millionen. Pressemitteilung vom 27. Juni 2019, 242/19. Zugriff am 20.03.2020. Verfügbar unter: https://www.destatis.de/DE/Presse/Pressekonferenzen/2019/Bevoelkerung/pm-bevoelkerung.pdf?__blob=publicationFile

**Statistisches Bundesamt (2019a).** Bevölkerung im Wandel. Annahmen und Ergebnisse der 14. koordinierten Bevölkerungsvorausberechnung. Zugriff am 20.03.2020. Verfügbar unter: https://www.destatis.de/DE/Presse/Pressekonferenzen/2019/Bevoelkerung/press ebroschuere-bevoelkerung.pdf?__blob=publicationFile

**Weitzel. T., Eckhardt, A., Laumer, S., von Stetten, A., Maier, C. (2013).** Recruiting Trends 2013. Eine empirische Untersuchung mit den Top-1.000-Unternehmen aus Deutschland sowie den Top-300-Unternehmen aus den Branchen Automotive, Finanzdienstleistung und IT. Centre of Human Resources Information Systems (CHRIS). Otto-Friedrich-Universität Bamberg. Zugriff am 29.05.2020. Verfügbar unter: https://fis.uni-bamberg.de/bitstream/uniba/2361/1/von%20Stetten%2C%20Laumer%2C%20Ec khardt%2C%20Maier%2C%20Weitzel%2C%20Guhl%20-%20Recruiting%20Trends%202013seA1b.pdf

**Weitzel. T., Eckhardt, A., Laumer, S., Maier, C., von Stetten, A., Weinert, C. et al. (2015).** Recruiting Trends 2015. Eine empirische Untersuchung mit den Top-1.000-Unternehmen aus Deutschland sowie den Top-300-Unternehmen aus den Branchen Finanzdienstleistung, Health Care und IT. Centre of Human Resources Information Systems (CHRIS). Otto-Friedrich-Universität Bamberg. Zugriff am 27.05.2020. Verfügbar unter: https://fis.uni-bamberg.de/bitstream/uniba/2932/1/WeitzelRecrTrends14seA2.pdf

# BEI GRIN MACHT SICH IHR WISSEN BEZAHLT

- Wir veröffentlichen Ihre Hausarbeit,
  Bachelor- und Masterarbeit

- Ihr eigenes eBook und Buch -
  weltweit in allen wichtigen Shops

- Verdienen Sie an jedem Verkauf

Jetzt bei www.GRIN.com hochladen
und kostenlos publizieren